동전 한 닢의 힘

동전 한 닢의 힘

조지 섀넌 글 | 피터 시스 그림 | 김재영 옮김

1판 13쇄 펴낸날 2023년 4월 1일 | 펴낸이 강경태 | 펴낸곳 (주)베틀북 | 등록번호 제16-1516호
주소 서울시 강남구 테헤란로84길 12 마루빌딩 4층 (우)06178 | 전화 (02)2192-2300 | 팩스 (02)2192-2399

STILL MORE STORIES TO SOLVE by George W.B. Shannon, illustrated by Peter Sís
Text copyright ⓒ 1994 by George W.B. Shannon
Illustrations copyright ⓒ 1994 by Peter Sís
All rights reserved.
This Korean edition was published by Better Books Co., Ltd. in 2009 by arrangement with HarperCollins Publishers and Peter Sís c/o THE BOOK GROUP through KCC(Korea Copyright Center Inc.), Seoul.

이 책의 한국어판 저작권은 (주)한국저작권센터(KCC)를 통해 저작권자와 독점 계약한 베틀북에 있습니다.
저작권법에 의해 한국 내에서 보호를 받는 책이므로 무단 전재와 무단 복제를 금합니다.

ISBN 978-89-8488-626-1 77840

동전 한 닢의 힘

조지 섀넌 글 | 피터 시스 그림 | 김재영 옮김

베틀·북
BETTER BOOKS

차 례

■ 머리말 ·· 7

첫 번째 이야기 • **선 짧게 만들기** ·················· 8

두 번째 이야기 • **늦어야 이기는 경기** ············ 11

세 번째 이야기 • **한 발짝도 밟지 마라** ·········· 15

네 번째 이야기 • **암탉의 재치** ······················ 19

다섯 번째 이야기 • **원하는 만큼 돌려준다** ······ 23

여섯 번째 이야기 • **마지막 기회** ···················· 27

일곱 번째 이야기 • **동전 한 닢의 힘** ·············· 29

여덟 번째 이야기 • **사자의 신하들** ································ 33

아홉 번째 이야기 • **훌륭한 수업** ································ 37

열 번째 이야기 • **슬기로운 노래** ································ 41

열한 번째 이야기 • **신비한 창** ································ 45

열두 번째 이야기 • **아이의 부탁** ································ 49

열세 번째 이야기 • **승려의 소원** ································ 53

열네 번째 이야기 • **겨자 씨 한 줌** ································ 57

■ **이야기의 출전** ································ 61

| 머리말

말 속에 숨은 힘

　세상 많은 사람들은 말이 얼마나 큰 힘을 가지고 있는지 알고 있습니다. 말은 사람들에게 웃음을 주기도 하지만 깨진 유리 조각처럼 상처를 입히기도 합니다. 또 사람들을 달래 주기도 하지만 모욕을 주기도 합니다. 때로는 말 한 마디로 복잡한 상황을 단번에 해결하기도 하지만, 세상의 온갖 말로도 바꿀 수 없는 상황도 있습니다.

　이 책에 실린 이야기들은 말을 어떻게 하느냐에 따라 그 결과가 달라질 수 있음을 보여 줍니다. 어떤 주인공은 놀랄 만큼 색다른 방식으로 말을 하고 또 어떤 주인공은 좀 더 신중하게 말하거나 들어야 한다는 것을 일깨워 주지요.

　이야기를 읽을 때 주인공이 하는 말을 잘 살펴보면 이야기마다 주어지는 질문에 답할 수 있을 것입니다.

| 첫 번째 이야기

선 짧게 만들기

'비르발'은 무굴 제국 악바르 황제의 어릿광대이자 말 상대였고, 또 놀림감이기도 했어요. 마을 사람들은 영리하고 지혜로운 비르발을 좋아했지만, 황제는 늘 어떻게 하면 비르발을 골릴 수 있을까 생각했답니다.

어느 날 악바르 황제가 바닥에 선을 하나 그었습니다.

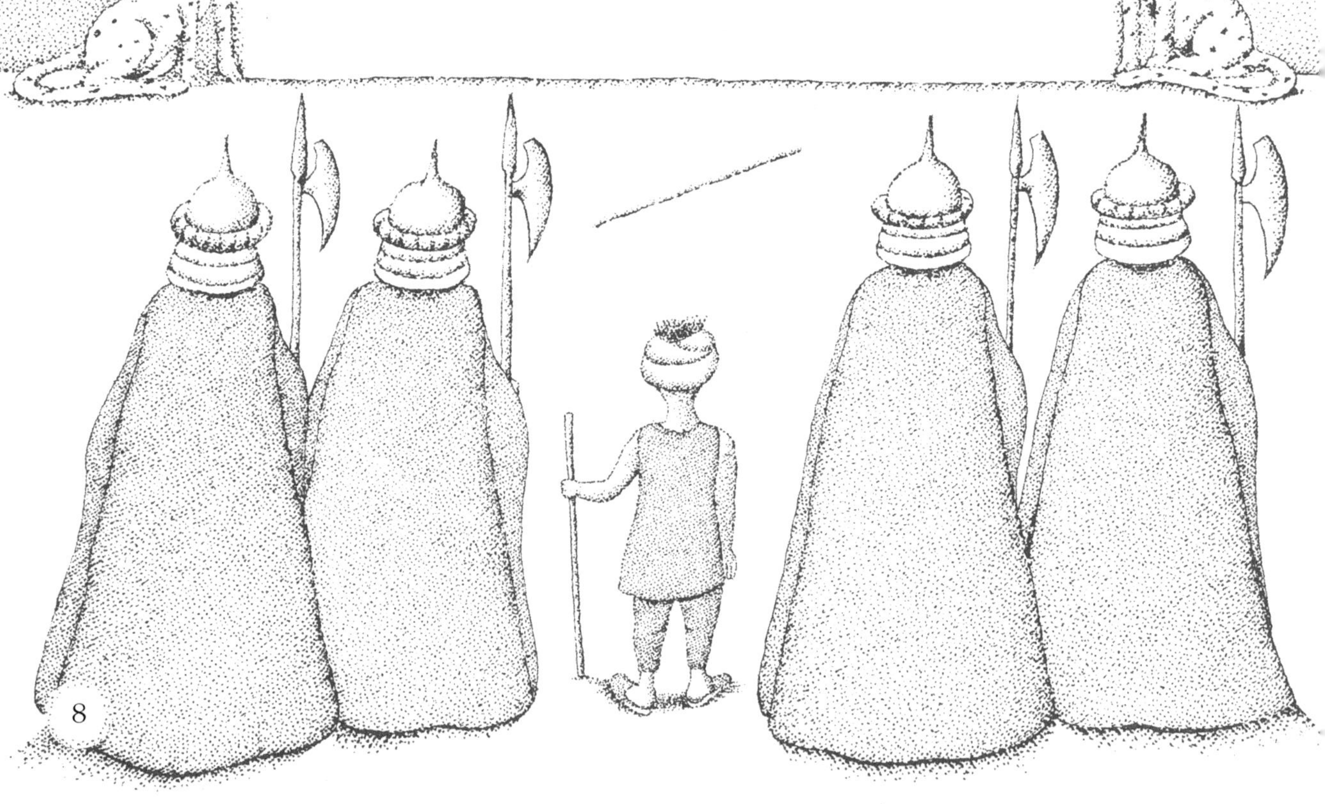

"비르발, 이 선을 짧게 만들어 보아라. 하지만 눈곱만큼도 지우면 안 되느니라!"

황제가 명령을 내렸습니다. 그 자리에 있던 사람들은 마침내 황제가 비르발을 이길 수 있겠다고 생각했습니다. 그건 누가 봐도 불가능한 일이었으니까요. 하지만 황제와 사람들은 곧, 비르발이 선을 조금도 지우지 않고 짧게 만든 것을 보았습니다.

비르발은 어떻게 했을까요?

생각의 사다리

비르발은 황제가 그은 선 옆에 좀 더 긴 선을 하나 그었습니다. 그러자 처음에 그은 선이 두 번째 그은 선보다 짧아져 버렸지요.

지혜로운 사람은 당황하지 않고 어진 사람은 근심하지 않으며 용기 있는 사람은 두려워하지 않는다. – 공자

| 두 번째 이야기

늦어야 이기는 경기

　옛날 어느 왕에게 아들이 둘 있었습니다. 왕은 늙고 병들어 죽을 날이 다가오자 두 아들을 불렀습니다.
　"말을 타고 예루살렘으로 가거라. 둘 중에 늦게 도착하는 말의 주인이 내가 가진 모든 것을 물려받을 것이다."
　두 왕자는 말에 올랐습니다. 하지만 나중에 도착해야 이긴다는 생각에 될 수 있는 대로 천천히 말을 몰았습니다. 어떻게든 뒤로 처져서 꾸물거리려고 애썼지요. 드디어 예루살렘 성 밖에 다다랐고, 둘은 멈추어 섰습니다. 먼저 도착하면 왕국을 물려받지 못하니, 둘 다 한 발짝도 앞으로 나갈 수 없었습니다.
　둘은 그 자리에 주저앉아 하루를 보냈습니다. 이틀이 지났습니다. 그렇게 일주일이 지나자, 둘은 아무 의미 없이 남은

인생을 예루살렘 성 밖에서 보낼지도 모르겠다는 생각이 들었습니다.

 그때 갑자기 두 왕자의 머리에 똑같은 생각이 떠올랐습니다. 둘은 말에 뛰어오르더니 예루살렘을 향해 있는 힘껏 말을 몰았습니다.

 왕자들은 어떤 생각을 했기에 시합을 끝낼 수 있었을까요?

생각의 사다리

둘은 말을 바꿔 타고 달렸습니다. 상대편 말을 타고 먼저 성에 도착하면, 자신의 말이 나중에 도착하게 되어 왕국을 물려받을 수 있을 테니까요.

말하는 것은 지식의 영역이고 듣는 것은 지혜의 특권이다. - 올리버 웬들 홈스

| 세 번째 이야기

한 발짝도 밟지 마라

　오래전 에티오피아에 '압부나와스'라는 남자가 살았는데, 영리하기로 소문이 자자했습니다. 그러던 어느 날 황제가 압부나와스를 호위병으로 임명했습니다. 그러자 그때부터 온갖 문제들이 생기기 시작했습니다. 황제가 어떤 명령을 내려도 압부나와스는 따르지 않고 요리조리 빠져나갈 방법을 찾아냈거든요. 예를 들어 압부나와스는 황제가 궁궐 문을 지키라는 명령을 내렸는데도 춤을 추러 가고 싶다면, 말 그대로 문짝을 떼어 들고 춤을 추러 갔습니다.

　어느 날, 황제는 몹시 화를 내며 압부나와스에게 다시는 얼굴을 보고 싶지 않다고 말했습니다. 그런 말을 한 뒤 황제가 압부나와스 앞을 지나갈 때였습니다. 압부나와스는 황제에

게 공손히 인사하기는커녕 고개를 홱 돌리고 엉덩이로 인사를 했습니다. 마침내 황제는 더는 참을 수 없다며 압부나와스에게 나라를 떠나라고 말했습니다.

"어디든 가도 좋다. 하지만 에티오피아 땅을 한 발짝이라도 밟으면 너의 목숨은 내가 가져가겠다!"

궁궐에 있던 사람들은 재치 있는 압부나와스 덕분에 즐거웠는데 그가 떠나게 되자 슬펐습니다. 하지만 슬픔은 그리 오래 가지

않았어요. 얼마 지나지 않아 압부나와스가 웃으면서 궁궐 밖을 걷고 있었으니까요.

황제는 화가 나 펄펄 뛰며 호위병에게 즉시 압부나와스를 목매달라고 명령했습니다. 그러나 압부나와스의 말을 전해 들은 황제는 그가 에티오피아 어디를 가든 어디에 머물든, 내버려 둘 수밖에 없었습니다.

압부나와스는 어떻게 한 걸까요?

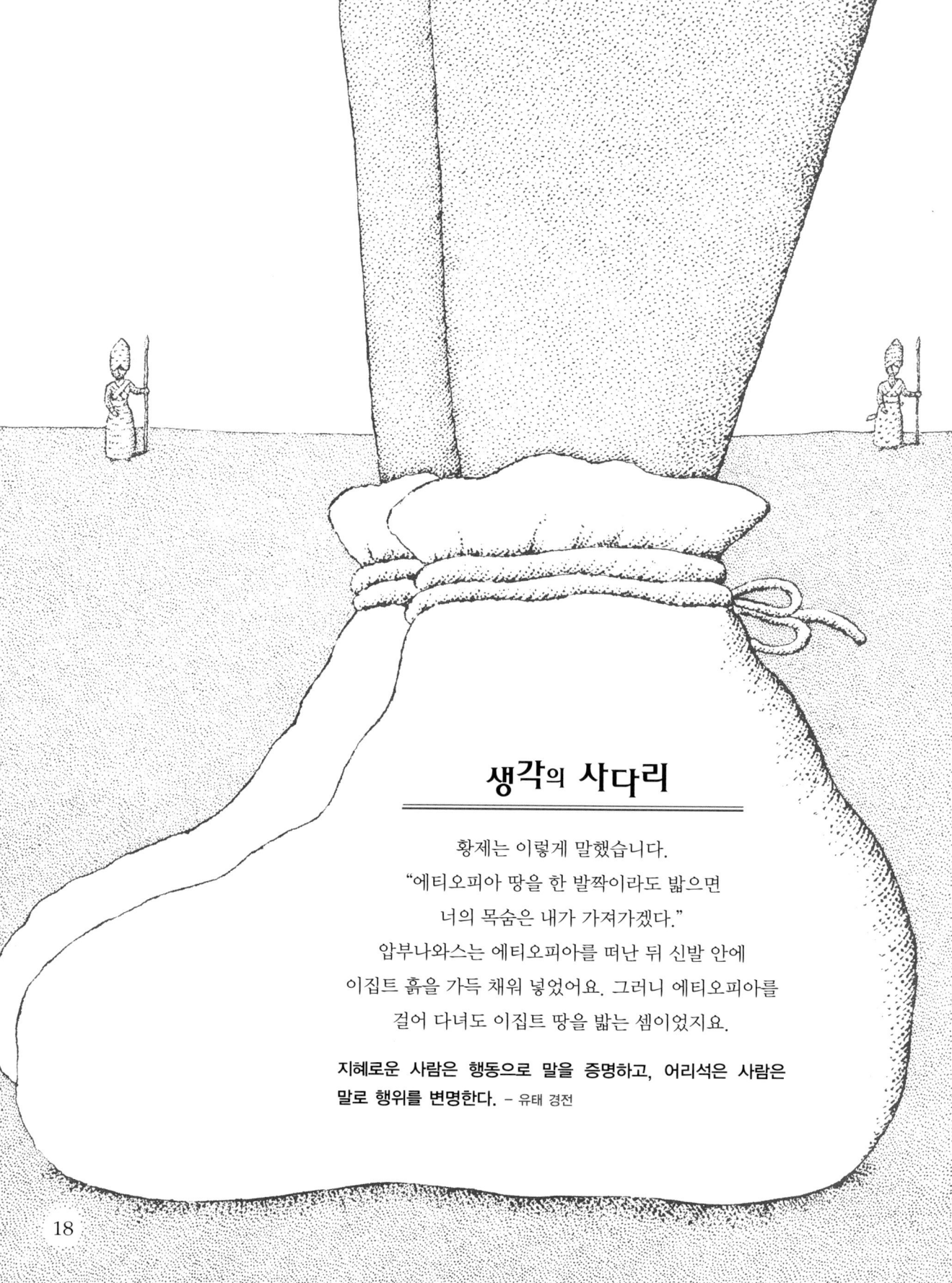

생각의 사다리

황제는 이렇게 말했습니다.
"에티오피아 땅을 한 발짝이라도 밟으면
너의 목숨은 내가 가져가겠다."
압부나와스는 에티오피아를 떠난 뒤 신발 안에
이집트 흙을 가득 채워 넣었어요. 그러니 에티오피아를
걸어 다녀도 이집트 땅을 밟는 셈이었지요.

지혜로운 사람은 행동으로 말을 증명하고, 어리석은 사람은 말로 행위를 변명한다. - 유태 경전

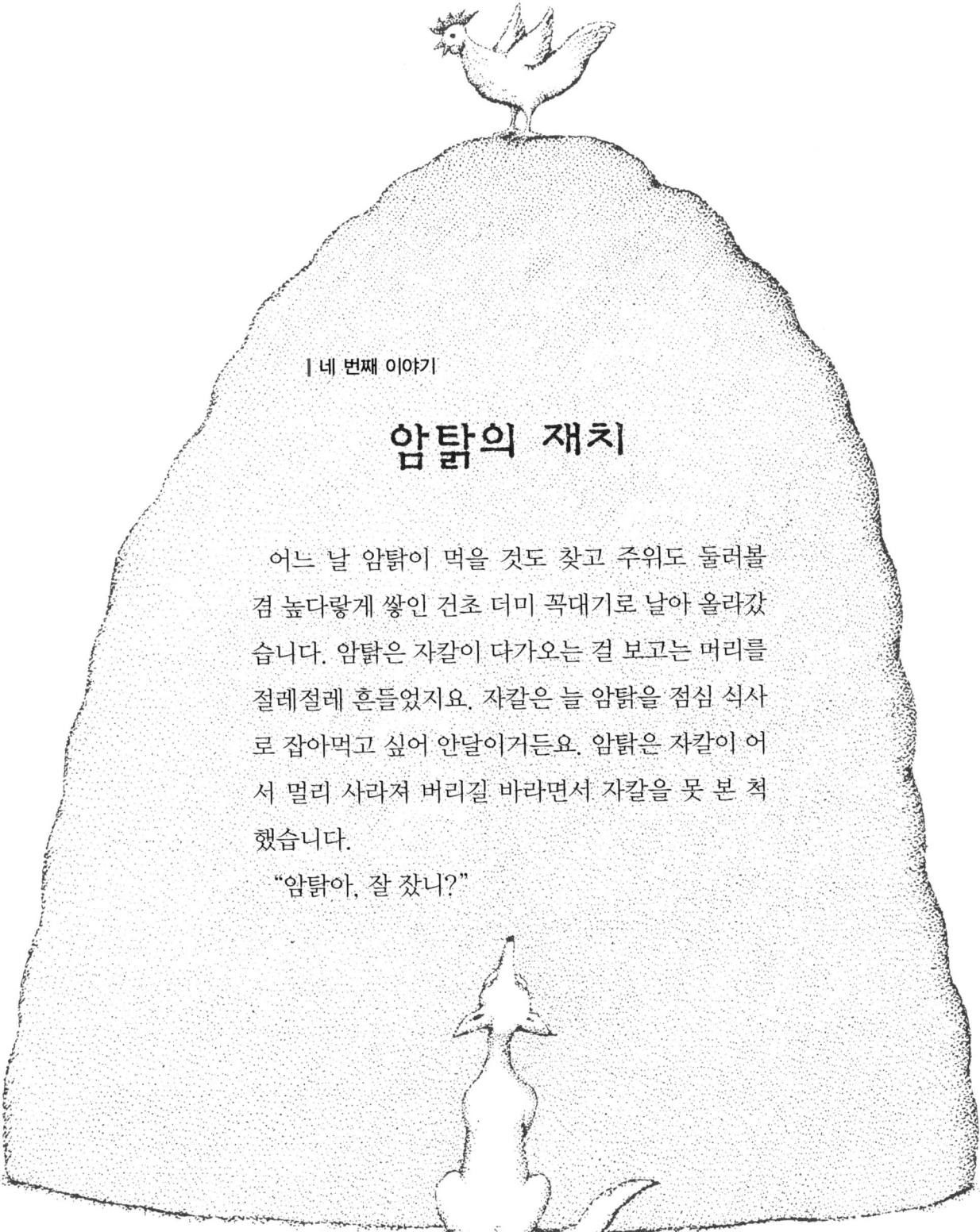

| 네 번째 이야기

암탉의 재치

  어느 날 암탉이 먹을 것도 찾고 주위도 둘러볼 겸 높다랗게 쌓인 건초 더미 꼭대기로 날아 올라갔습니다. 암탉은 자칼이 다가오는 걸 보고는 머리를 절레절레 흔들었지요. 자칼은 늘 암탉을 점심 식사로 잡아먹고 싶어 안달이거든요. 암탉은 자칼이 어서 멀리 사라져 버리길 바라면서 자칼을 못 본 척했습니다.

  "암탉아, 잘 잤니?"

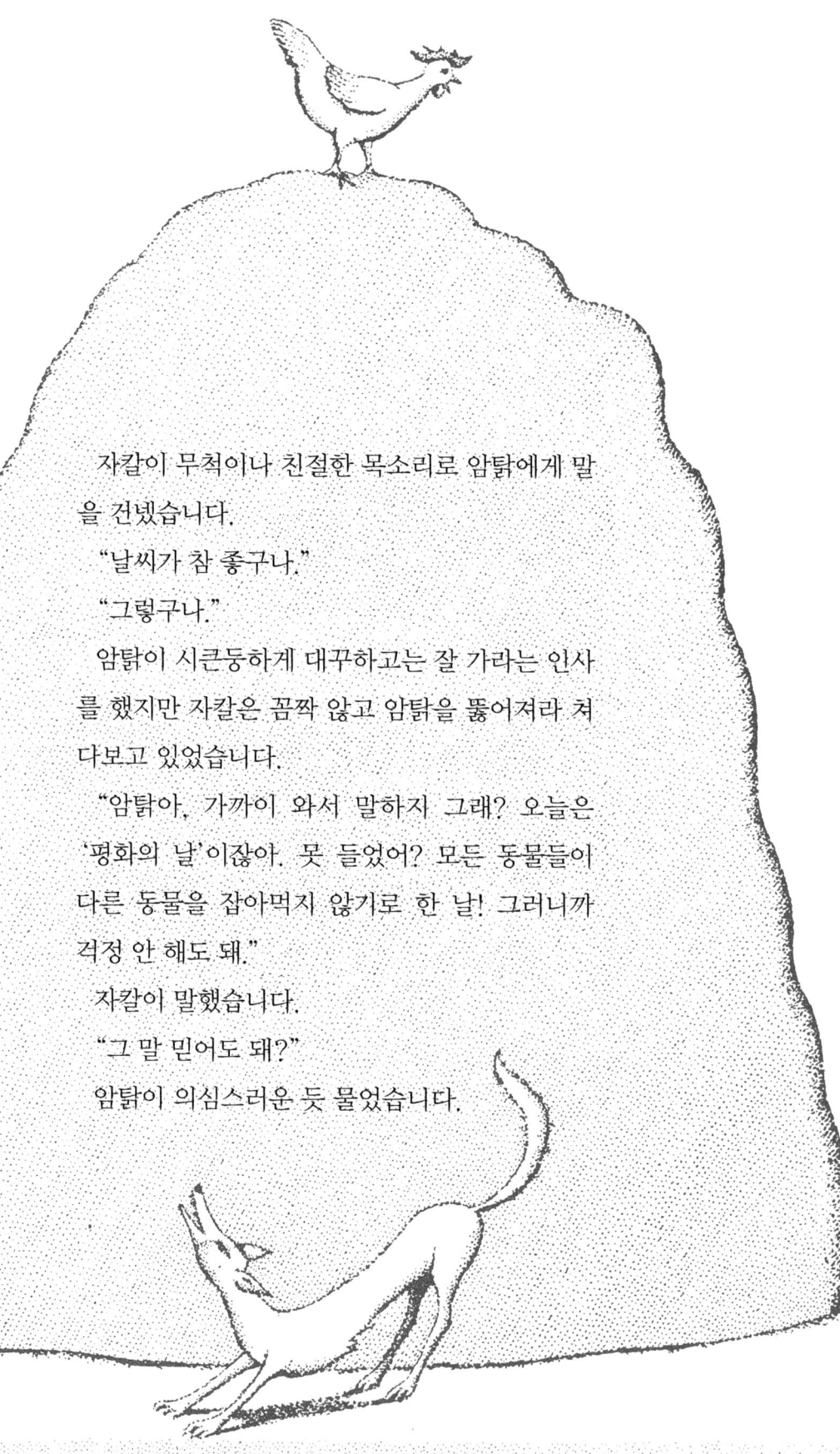

자칼이 무척이나 친절한 목소리로 암탉에게 말을 건넸습니다.

"날씨가 참 좋구나."

"그렇구나."

암탉이 시큰둥하게 대꾸하고는 잘 가라는 인사를 했지만 자칼은 꼼짝 않고 암탉을 뚫어져라 쳐다보고 있었습니다.

"암탉아, 가까이 와서 말하지 그래? 오늘은 '평화의 날'이잖아. 못 들었어? 모든 동물들이 다른 동물을 잡아먹지 않기로 한 날! 그러니까 걱정 안 해도 돼."

자칼이 말했습니다.

"그 말 믿어도 돼?"

암탉이 의심스러운 듯 물었습니다.

"그렇고말고. 일단 내려와 봐. 우리 둘이서 재미있게 놀아 보자."

암탉은 늘 거짓말을 하고 속임수를 일삼는 자칼을 믿어야 할지 말아야 할지 알 수가 없었습니다. 암탉은 들판을 둘러보면서 어떻게 해야 자칼이 사실을 털어놓을지 생각했습니다.

"뭘 그렇게 봐?"

자칼의 물음에 암탉이 어떤 대답을 했습니다. 그러자 자칼이 한 말, 즉 동물들이 하루 동안 평화롭게 지내기로 했다는 말이 거짓이라는 게 밝혀졌습니다. 게다가 자칼은 겁을 잔뜩 먹고 달아나 버리기까지 했지요. 암탉은 그제야 안심하고 먹이를 먹을 수 있었습니다.

암탉은 어떤 대답을 했을까요?

생각의 사다리

암탉은 이렇게 대답했습니다.
"저기 덩치 큰 개들이 몰려와."
개는 자칼을 잡아먹기도 합니다. 만약 자칼이 한 말이 사실이었다면 개들이 온다고 해서 도망가지는 않았겠지요.

말하고자 하는 바를 먼저 실행하라. 그런 다음 말하라. - 공자

| 다섯 번째 이야기

원하는 만큼 돌려준다

'바리'라는 도시에 사는 한 상인이 순례 여행을 떠나기로 했습니다. 상인은 떠나기 전에 금화 삼백 냥을 가장 친한 친구에게 맡겼습니다.

"혹시 무슨 일이 생겨 내가 돌아오지 못하거든, 날 위해 기도해 줄 가난한 사람들에게 이 돈을 나눠 주게나. 내가 돌아오거든 자네가 원하는 만큼 내게 돌려주고 나머지는 자네가 갖게."

상인은 무사히 여행을 마치고 돌아왔고 친구에게 돈을 돌려달라고 했습니다. 친구는 상인에게 금화 열 냥을 주었습니다.

"자네 순 도둑놈이로구먼!"

상인이 소리를 질렀습니다.

"나는 자네에게 금화 삼백 냥을 주었네."

"나는 자네가 말한 대로 했을 뿐이네."

친구가 말했습니다.

"자네는 분명 내가 원하는 만큼 돌려주라고 하지 않았나? 그래서 나는 자네에게 금화 열 냥을 준 걸세. 원한다

면 재판을 해도 좋네. 하지만 난 자네가 말한 대로 했을 뿐이네."

　상인은 재판관을 찾아가 이 일을 해결해 달라고 했고, 재판관은 양쪽의 이야기를 꼼꼼히 들은 다음 판결을 내렸습니다.

　상인은 금화 이백 구십 냥을 받았고 욕심 많은 친구는 금화 열 냥을 받았습니다.

　재판관은 어떻게 이런 판결을 내렸을까요?

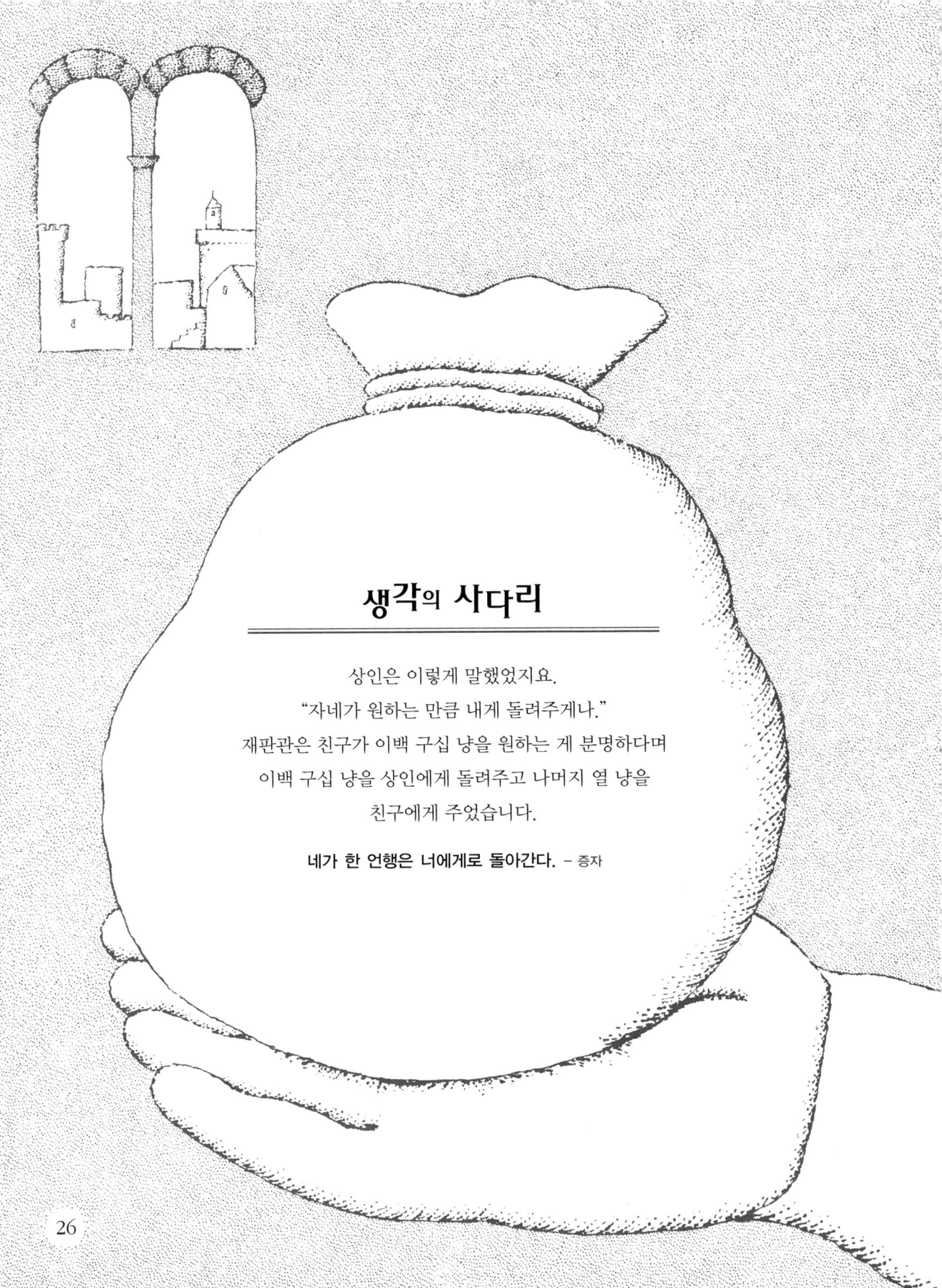

생각의 사다리

상인은 이렇게 말했었지요.
"자네가 원하는 만큼 내게 돌려주게나."
재판관은 친구가 이백 구십 냥을 원하는 게 분명하다며
이백 구십 냥을 상인에게 돌려주고 나머지 열 냥을
친구에게 주었습니다.

네가 한 언행은 너에게로 돌아간다. - 증자

| 여섯 번째 이야기

마지막 기회

'나스루딘 뮬라'라는 말썽쟁이가 있었습니다. 나스루딘은 언제나 사람들에게 속임수를 쓰고 교묘한 거짓말을 늘어놓곤 했지요. 마침내 마을 사람들과 재판관은 나스루딘을 더 이상 내버려 둘 수가 없었습니다. 결국 나스루딘은 체포되어 재판을 받았습니다.

"이게 마지막 기회다. 이번에도 거짓말을 하면 너는 교수형을 당할 것이다."

재판관이 경고했습니다. 그러자 나스루딘은 웃으면서 어떤 말을 했고, 재판관은 나스루딘을 풀어 줄 수밖에 없었어요.

나스루딘은 무슨 말을 했을까요?

생각의 사다리

나스루딘 뮐라가 '나는 교수형을 당하게 될 겁니다.' 라고 말하자 재판관은 이러지도 저러지도 못했습니다. 만약 재판관이 나스루딘에게 교수형을 내리면 나스루딘은 거짓말을 한 것이 아닌데 교수형을 당하게 됩니다. 하지만 재판관이 나스루딘에게 교수형을 내리지 않으면, 나스루딘은 또 거짓말을 한 셈이니 교수형을 당해야만 하지요. 교수형을 내리면 또 나스루딘의 말이 사실이 되고……. 그러니 재판관은 속상해하면서도 나스루딘을 풀어 줄 수밖에 없었답니다.

언어는 미로이다. - 비트겐슈타인

| 일곱 번째 이야기

동전 한 닢의 힘

　오래전 그리스의 한 왕은, 왕이 아닌 척 꾸미고 백성들을 만나러 다니길 좋아했어요. 한번은 광주리 짜는 남자를 만나서 하루에 얼마를 버느냐고 물어보았습니다.
　"하루에 동전 한 닢을 법니다. 그 돈으로 묵은 빚도 갚고, 미래를 위해서도 쓰고, 집에 있는 여덟 식구도 먹여 살리지요."
　왕은 그 남자가 하루에 동전 한 닢으로 어떻게 그런 많은 일을 하는지 도무지 이해할 수 없었어요. 왕은 남자에게 자세히 설명해 달라고 했습니다. 그러자 남자가 말했습니다.
　"나를 키워 주신 부모님을 돌보니 묵은 빚을 갚는 것이지요. 내가 늙었을 때 자식들이 날 돌봐 줄 테니, 자식들을 돌보는 것은 미래를 위해 쓰는 것이고요. 부모님에 아이들 넷, 아내, 그리고 나까지 식구가 여덟이니, 여덟 식구를 먹여 살리는 셈이지요."

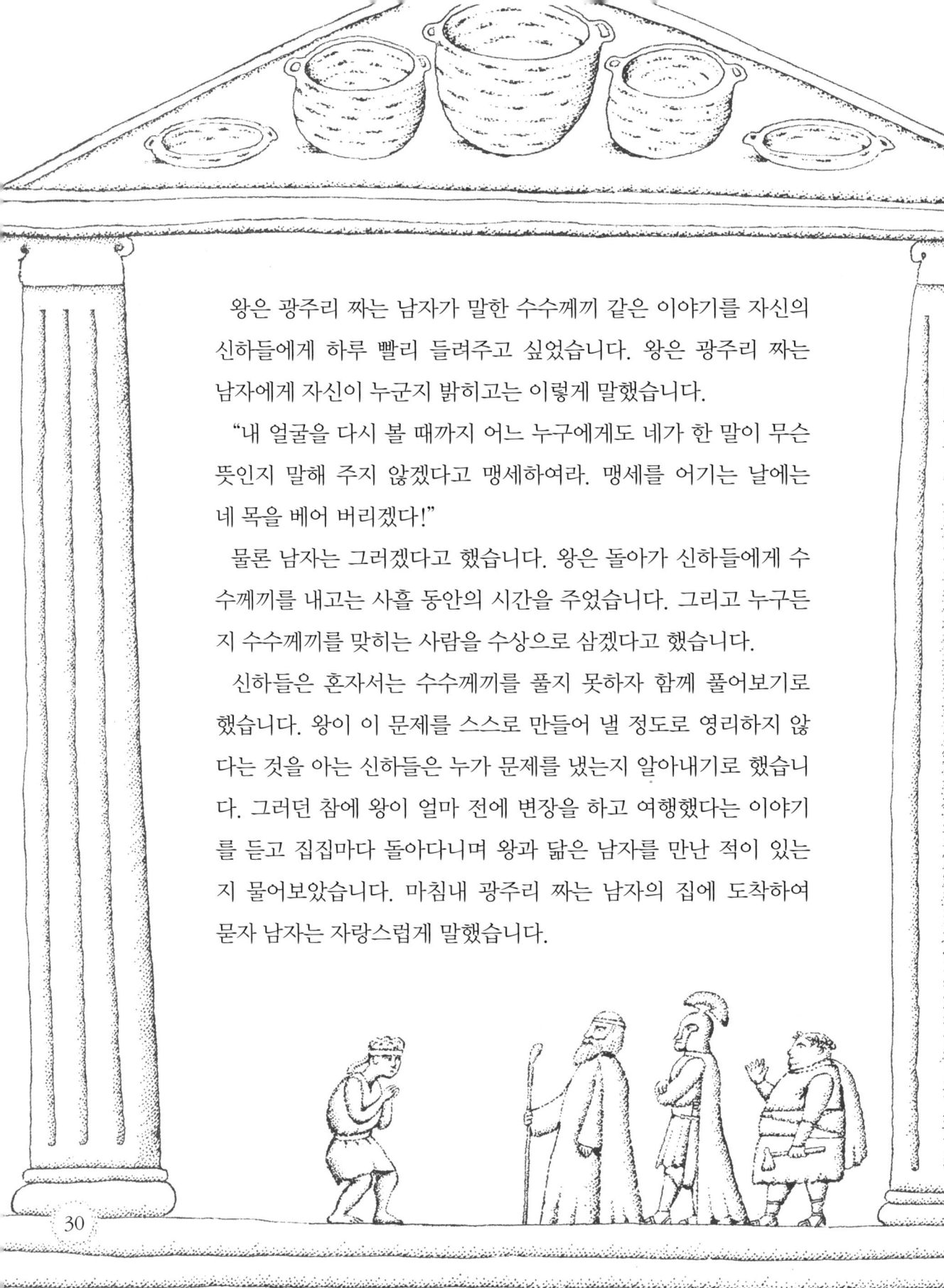

왕은 광주리 짜는 남자가 말한 수수께끼 같은 이야기를 자신의 신하들에게 하루 빨리 들려주고 싶었습니다. 왕은 광주리 짜는 남자에게 자신이 누군지 밝히고는 이렇게 말했습니다.

"내 얼굴을 다시 볼 때까지 어느 누구에게도 네가 한 말이 무슨 뜻인지 말해 주지 않겠다고 맹세하여라. 맹세를 어기는 날에는 네 목을 베어 버리겠다!"

물론 남자는 그러겠다고 했습니다. 왕은 돌아가 신하들에게 수수께끼를 내고는 사흘 동안의 시간을 주었습니다. 그리고 누구든지 수수께끼를 맞히는 사람을 수상으로 삼겠다고 했습니다.

신하들은 혼자서는 수수께끼를 풀지 못하자 함께 풀어보기로 했습니다. 왕이 이 문제를 스스로 만들어 낼 정도로 영리하지 않다는 것을 아는 신하들은 누가 문제를 냈는지 알아내기로 했습니다. 그러던 참에 왕이 얼마 전에 변장을 하고 여행했다는 이야기를 듣고 집집마다 돌아다니며 왕과 닮은 남자를 만난 적이 있는지 물어보았습니다. 마침내 광주리 짜는 남자의 집에 도착하여 묻자 남자는 자랑스럽게 말했습니다.

"만난 적이 있습니다."

"그렇다면 그게 무슨 뜻인지 우리에게 말해 보라."

하지만 그 남자는 말해줄 수 없다며 이렇게 대답했습니다.

"누구에게도 말하지 않겠다고 왕에게 맹세했습니다."

절망에 빠진 신하들은 남자에게 돈을 주겠다고 했습니다. 주겠다는 돈이 점점 늘어나 엄청난 액수가 되자 남자는 대답할 수밖에 없었습니다. 이야기를 듣자마자 신하들은 왕에게 달려가 답을 말했고, 화가 난 왕은 남자를 궁궐로 끌고 오라고 했습니다.

"너는 내 얼굴을 다시 볼 때까지 수수께끼의 답을 비밀로 하겠다고 맹세했다. 맹세를 어겼으니 네 목을 베어야겠다."

"저는 맹세를 어긴 것이 아닙니다."

"아니다. 너는 맹세를 어겼다. 게다가 거짓말까지 하는구나."

"아닙니다. 저는 거짓말을 하는 게 아닙니다."

남자가 그 까닭을 말하자 왕은 몹시 감동하여 남자를 수상으로 삼았습니다.

남자는 뭐라고 말했을까요?

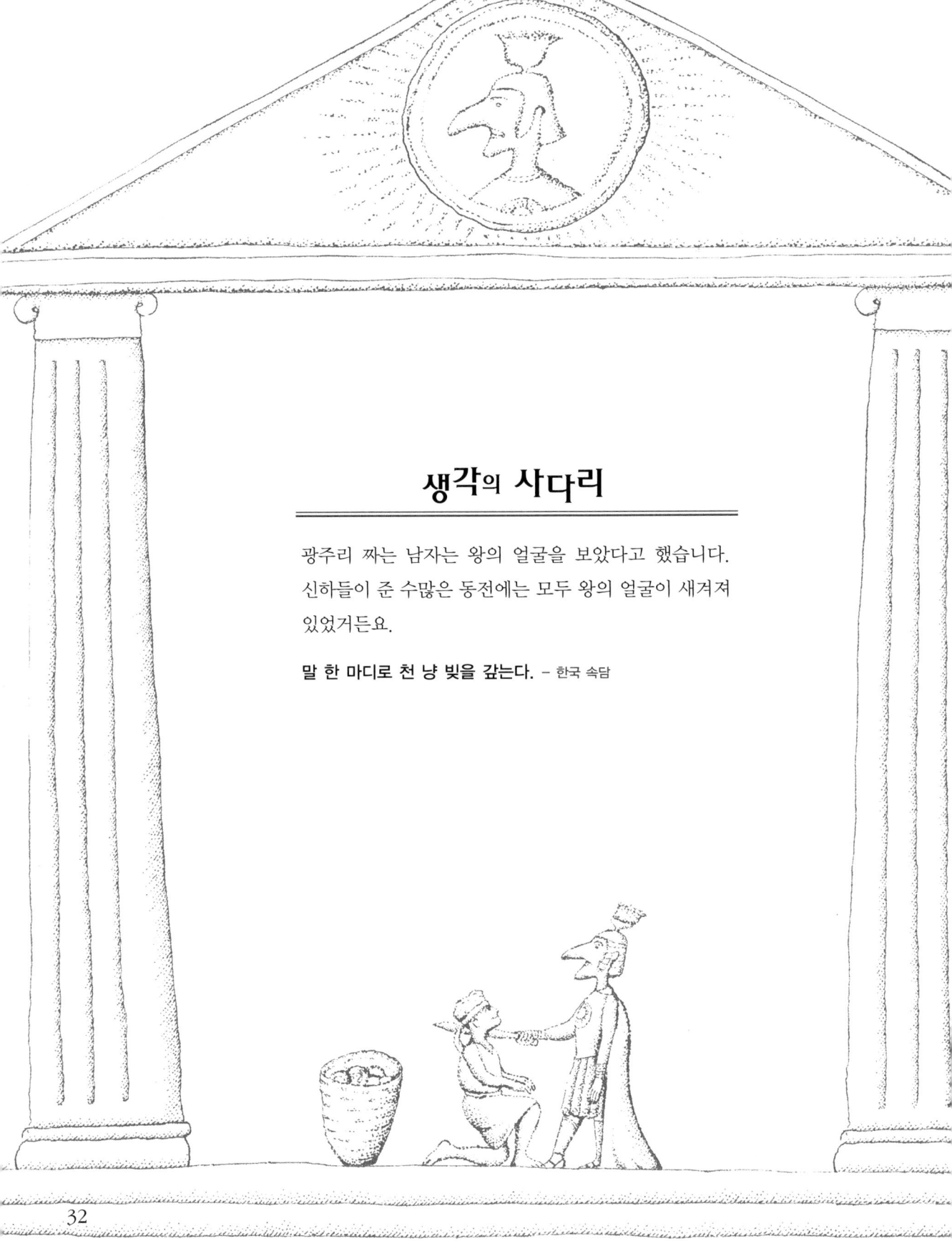

생각의 사다리

광주리 짜는 남자는 왕의 얼굴을 보았다고 했습니다. 신하들이 준 수많은 동전에는 모두 왕의 얼굴이 새겨져 있었거든요.

말 한 마디로 천 냥 빚을 갚는다. – 한국 속담

| 여덟 번째 이야기

사자의 신하들

어느 날 아침 동물의 왕 사자가 막 잠에서 깨어나 하품을 했습니다. 그러자 사자의 아내가 말했어요.

"당신 입 냄새는 정말 끔찍해요!"

그 말을 듣자 사자는 몹시 기분이 나빴습니다. 성을 내며 으르렁거리다가 곧 세 신하들을 불러들였습니다.

"양, 내 입 냄새가 좋으냐? 안 좋으냐?"

양은 사자가 솔직한 대답을 듣고 싶어 한다고 믿고는 사실대로 말했습니다.

"전하, 전하의 입 냄새는 좋지 않습니다."

 사자는 솔직한 대답을 듣자 화가 나서 눈 깜짝할 사이에 양을 죽였습니다. 그러고는 늑대에게 물었습니다.
 "늑대, 내 입 냄새가 좋으냐? 안 좋으냐?"
 늑대는 조금 전 양이 당한 일을 똑똑히 보았던 터라 이렇게 말했습니다.
 "전하의 입 냄새는 향기로운 꽃처럼 달콤합니다."
 사자는 또 다시 화를 내며 으르렁거렸습니다.
 "너는 아첨이나 하면서 네 목숨만 구하려 하는구나. 하지만 그렇게는 안 될걸!"

사자는 말이 끝나기가 무섭게 늑대도 죽였습니다. 이제 사자의 신하라고는 여우만 살아 있었지요. 사자가 물었습니다.
"여우, 내 입 냄새가 좋으냐? 안 좋으냐?"
여우는 늑대와 양의 시체를 흘깃 보면서 기침을 했습니다. 그러고는 천천히 대답했습니다. 그러자 사자는 여우를 살려서 집으로 보내줬을 뿐 아니라 '참 안됐구나' 라는 말까지 했습니다.
여우는 뭐라고 말했기에 목숨도 구하고 사자의 동정심도 얻었을까요?

생각의 사다리

여우는 기침하는 시늉을 하면서 이렇게 말했습니다.
"저는 감기가 심해서 아무 냄새도 맡을 수 없습니다."

말이란 토끼와 같이 부드러울수록 좋다. – 티베트 속담

| 아홉 번째 이야기

훌륭한 수업

   옛날 중국에 지혜로운 스승이 살았는데, 홀로 동굴 속에 살면서 책 읽는 것을 좋아했습니다. 하지만 제자들은 새로운 가르침을 얻으려고 자주 동굴에 찾아왔습니다. 어느 날 스승의 가르침을 기다리던 두 제자는 그만 지쳐 버렸습니다.
   제자들이 동굴 속 스승에게 말했습니다.
   "스승님, 저희들에게 가르침을 주신지 오래되었습니다."

그러자 스승이 웃으면서 말했습니다.
"오늘 수업은 나를 이 동굴에서 나오게 만드는 것이다."
첫 번째 제자는 자신이 예전에 보았던 용이 언덕 너머에서 싸우고 있다며 얼른 나와 보라고 했습니다. 하지만 스승은 동굴 밖으로 나오지 않았습니다.

두 번째 제자는 황제의 가족이 행차하고 있다며, 만약 지금 달려 나와 절하지 않는다면 잡혀갈 거라고 소리쳤습니다. 하지만 스승은 여전히 서늘하고 조용한 동굴에서 나오지 않았습니다.

두 제자는 할 수 있는 건 다 해 보았습니다. 하지만 결국 고개를

절레절레 흔들며 포기하고 말았지요.

"저희는 스승님을 동굴에서 나오게 할 재주가 없습니다."

첫 번째 제자가 말했습니다.

"잠깐만요. 대신 저희는 이것만은 틀림없이 할 수 있습니다."

두 번째 제자가 어떤 이야기를 하자 스승은 서둘러 동굴에서 나왔고 곧 자신이 어리석었음을 깨달았습니다.

"됐다! 저희가 스승님을 동굴에서 나오게 했습니다."

"그래, 네가 해냈구나."

두 번째 제자가 무슨 말을 했기에 스승이 동굴에서 나왔을까요?

생각의 사다리

제자는 스승이 동굴 밖으로 나온다면 분명히 안으로 들어가게 할 수 있다고 말했습니다. 스승은 제자들이 해내지 못할 거라며 동굴에서 나왔던 것이지요.

모든 문제는 두 가지 측면이 있다. - 서양 속담

| 열 번째 이야기

슬기로운 노래

이 마을 저 마을, 이 시장 저 시장으로 돌아다니며 노래를 하는 장님이 있었습니다. 몇 년이 지나자 장님은 금화 백 냥을 모을 수 있었습니다. 장님은 금화를 마을 밖 풀밭에 서 있는 떡갈나무 아래에 묻어 두었습니다.
어느 날 장님이 금화를 더 묻어 두려고 나무 밑을 파고 있는데, 옆 들판에 있던 농부가 그 모습을 보았습니다. 농부는 장님이 자리를 뜨자마자 나무 밑을 파 보았고, 금화를 발견하고는 기뻐서 덩실덩실 춤을 추었지요.
농부는 금화를 몰래 가져갔고, 누가 금화를 가져

갔는지 아무도 모를 거라며 안심했습니다.

다음 날, 장님은 금화가 모두 사라진 걸 알고 엉엉 울었습니다.

"왜 내게 이런 일이 일어났을까?"

하지만 장님이 할 수 있는 일은 다시 돈을 모으는 것뿐이었지요. 그런데 그날 밤, 장님은 할 수 있는 일이 또 있다는 걸 깨달았습니다. 다음 날은 큰 장이 서서 마을 사람들이 모두 시내로 모이는 날이었습니다. 장님은 밤새 특별한 노래를 만들었습니다.

이튿날, 장님이 새로 만든 노래를 부르자 마을 사람들이 모여들어 박수를 쳤습니다. 사람들은 장님에게 금화를 잔뜩 주었습니다. 그리고 무엇보다도 새 노래 덕분에 장님이 바랐던 그 일이 일어났습니다.

장님이 그날 저녁 나무 아래로 돌아가 보니 잃어버렸던 금화가 모두 되돌아와 있었거든요. 장님은 재빨리 금화를 긁어 모아 다른 곳에 숨겨 두었습니다.

장님이 새로 만든 노래는 어떤 내용이었을까요?

생각의 사다리

노래 가사는 이랬답니다.
"나무 아래 금화를 백 냥 묻었네.
오늘 밤 나는 또 금화 백 냥을 묻을 거야!"
욕심 많은 농부는 노래를 듣고서
장님이 그날 밤에 금화를 또 묻으러
갈 거라고 생각했습니다.
농부는 새로 묻어 놓을 금화도
갖고 싶었지요. 하지만 처음 묻었던
금화가 없어진 걸 알게 되면,
장님이 다시 금화를 묻어 놓지
않을 거라 생각했습니다.
농부는 금화 백 냥을 더 차지하고
싶어서 훔쳐 갔던 금화를 도로
묻어 놓았던 겁니다.

사람이 성실하면 지혜도 생긴다.
- 디즈레일리

| 열한 번째 이야기

신비한 창

오래전 어느 겨울, 저 멀리 북쪽 지방에서 있었던 일입니다. 어느 날 땅이 심하게 흔들리더니 집이 모두 무너져 내리고, 얼어붙은 바다가 갈라지면서 거대한 얼음 덩어리들이 몰려 왔습니다. 사람들은 모두 달아나 버렸지요. 이런 혼란 속에 두 사람만 마을에 남게 되었습니다. 작은 남자아이와 너무 늙어서 신비한 능력이 거의 없어진 주술사였지요. 물고기와 동물 들도 떠내려가 버려서, 먹을 것도 없었습니다. 마지막 남은 희망이라고는 산을 넘어 적들이 사는 바닷가에서 물고기를 잡는 것뿐이었습니다.

마침내 적들이 다스리는 바닷가에 이르렀을 때, 두 사람은 기운이 거의 다 빠져 버렸습니다. 남자아이가 얼음을 깨고 낚시를 하려고 할 때 주술사가 말했습니다.

"잘 들어라. 적들이 곧 우리를 발견하고 죽이려 들 거야. 내 힘이 없어진 걸 적들도 알고 있거든. 하지만 너에

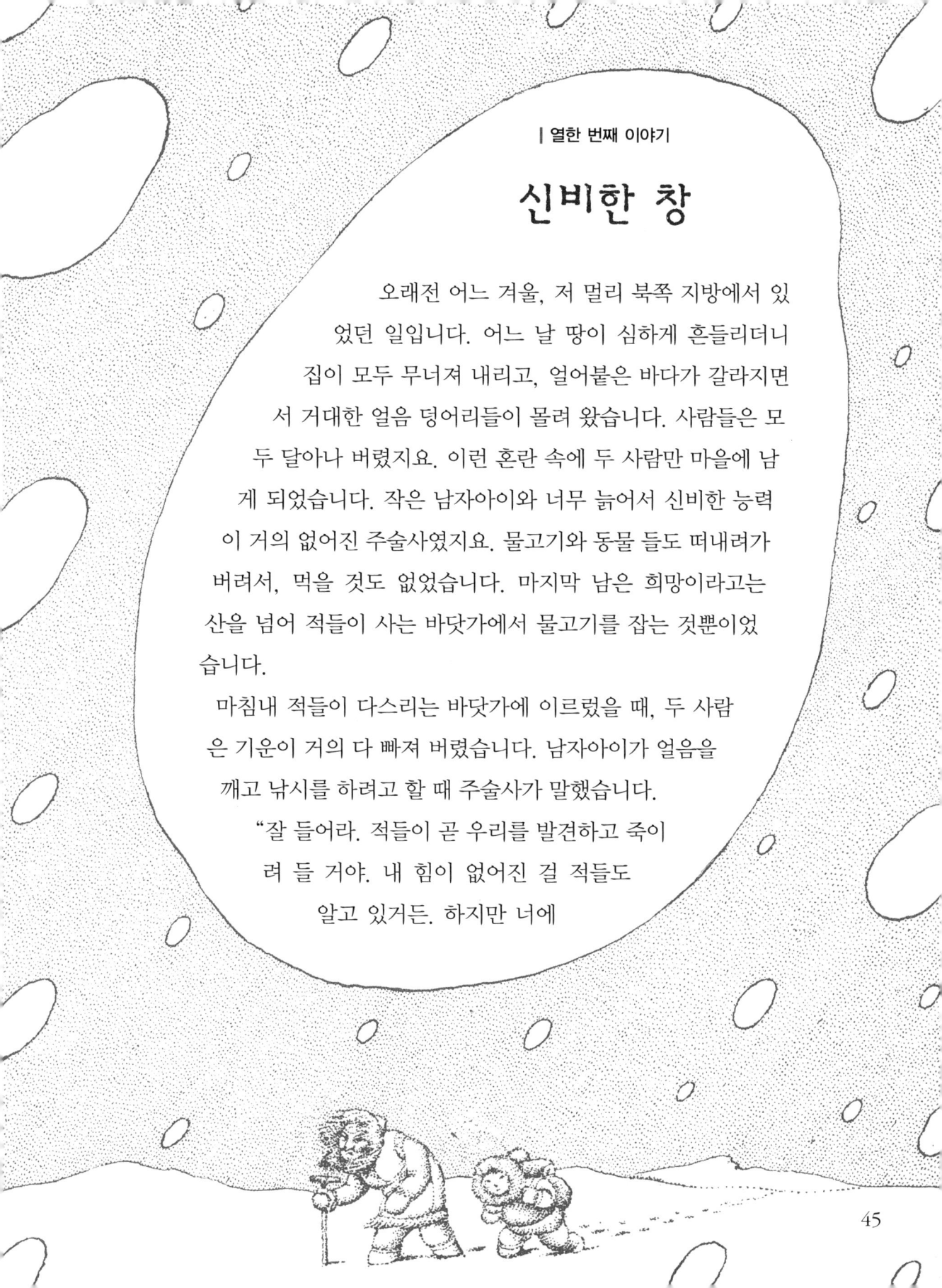

게 신비한 창을 쓰는 방법을 가르쳐 주마. 놈들은 네가 특별한 힘을 가졌다고 해도 믿을 거야."

아이는 겁이 났지만 최선을 다하겠다고 대답했습니다. 바로 그 때 사납게 생긴 사냥꾼 둘이 앞을 가로막았습니다. 주술사는 재빨리 아이에게 신비한 창을 움직이는 주문을 알려 주었지요.

사냥꾼들은 둘을 죽이겠다고 위협했습니다. 하지만 늙은 주술사는 사냥꾼들에게 뜻대로 되지 않을 거라며 자신 있게 말했습니다.

"이 아이는 신비한 창을 가지고 있다. 그 창은 어떤 사냥감이라도 잡을 수 있고, 어떤 위험에서도 우리를 지켜 주지."

사냥꾼들이 웃음을 터뜨렸지만, 무당은 물러서지 않았습니다.

"너희들이 가진 어떤 무기도 이 아이의 것만 못하다! 그리고 창을 움직이는 주문은 이 아이만 알고 있다."

꼬맹이가 자신들보다 낫다고 하니 자신만만한 사냥꾼들이 가만 있을 리가 없지요. 사냥꾼들은 아이에게 신비한 창을 움직이는

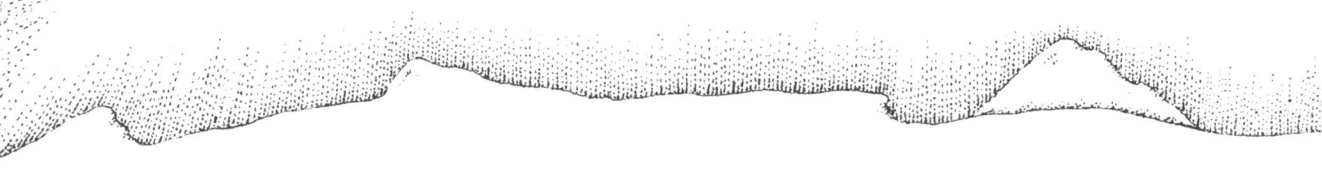

주문을 말하라고 으름장을 놓았습니다.

"지금 당장 우리한테 말해라. 말하지 않으면 너를 죽이고 창을 가져가겠다."

아이는 덜덜 떨면서 이렇게 말했습니다.

"알았어요. 하지만 나는 한 번에 한 사람에게만 말할 수 있어요."

아이는 한 사냥꾼에게 속삭이고 나서, 다른 사냥꾼에게 속삭였습니다. 그러자 두 사냥꾼은 서로를 빤히 바라보다가, 느닷없이 싸우기 시작했습니다. 얼마 지나지 않아 둘은 서로의 창에 찔린 채 얼음 구멍에 빠져 죽고 말았습니다.

마을에서 사람들이 달려왔지만 모두 겁에 질리고 말았습니다. 사나운 사냥꾼이 둘이나 죽어 있었으니까요. 마을 사람들은 늙은 주술사와 아이가 물고기를 마음껏 잡도록 내버려 두었습니다.

아이의 신비한 창은 무엇이었을까요? 또 늙은 주술사가 아이에게 알려 준 주문은 무엇이었을까요?

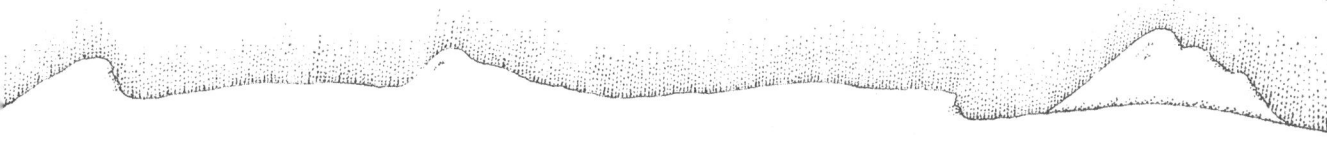

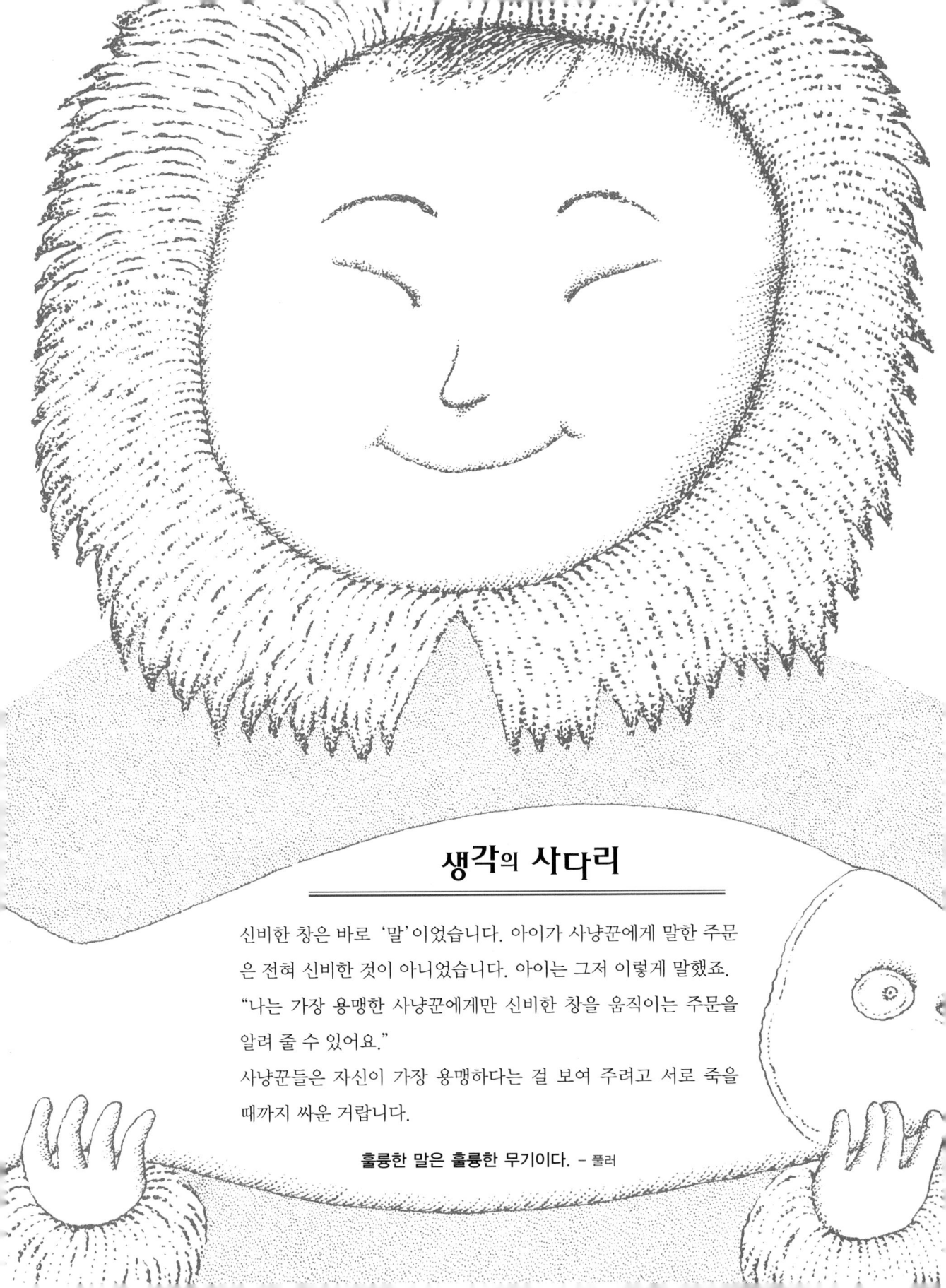

생각의 사다리

신비한 창은 바로 '말'이었습니다. 아이가 사냥꾼에게 말한 주문은 전혀 신비한 것이 아니었습니다. 아이는 그저 이렇게 말했죠.
"나는 가장 용맹한 사냥꾼에게만 신비한 창을 움직이는 주문을 알려 줄 수 있어요."
사냥꾼들은 자신이 가장 용맹하다는 걸 보여 주려고 서로 죽을 때까지 싸운 거랍니다.

훌륭한 말은 훌륭한 무기이다. - 풀러

| 열두 번째 이야기

아이의 부탁

　오래전, 먹고 살기 위해 애쓰는 가난한 가족이 있었습니다. 남편과 아내는 하루 종일 열심히 일을 했고, 아들은 심부름을 하느라 늘 바빴습니다. 하지만 할아버지는 너무 늙고 힘이 없어서 일을 할 수가 없었습니다. 게다가 끊임없이 돌봐 주어야 했고, 손마저 떨어서 음식을 먹을 때면 주위를 온통 지저분하게 만들었지요. 아이는 할아버지가 밥 먹는 것을 도와주고 자기 밥을 주기도 했습니다. 하지만 아이의 부모는 소중한 음식을 낭비하는 일이라고 나무랐습니다. 할아버지는 불행했지요. 하지만 젊은 부부는 할아버지가 불평이라도 하면 오히려 화를 내며 소리를 질렀습니다.

　젊은 부부는 할아버지를 없애 버릴 방법을 궁리하기 시작했습니다. 그러다 부부는 할아버지를 숲에 갖다 버리기로 마음먹었습니다. 할아버지가 사람들에게 발견되면 도움을 받을 수도 있으니까요. 발견되지 못한다면 죽을 수도 있지만요. 젊은 부부는 할아버지가 짐이 될 뿐이라고 여겼습니다.

다음 날 아침, 남자는 커다란 바구니에 할아버지를 짐처럼 싣고 등에 멨습니다. 할아버지는 투덜거렸고, 아이는 소리쳐 물었습니다.

"할아버지를 어디로 데려가세요? 꼭 가야만 하나요?"

"그래. 할아버지는 너무 늙어서 좀 더 잘 돌봐 주는 특별한 곳이 필요하단다. 알겠니?"

남자가 말했습니다. 그때 아이는 아버지를 진심으로 사랑하는 마음에서 한 가지 부탁을 했습니다. 그 말을 듣자 남자는 다리에 힘이 풀려 할아버지를 내려 놓았습니다.

아이가 한 말은 무엇이었을까요?

생각의 사다리

아이는 아버지에게 빈 바구니를 도로 갖다 달라고 말했습니다. 아버지가 너무 늙어서 일을 할 수 없게 되면 아버지를 담아서 데려갈 수 있도록 말이지요.

내 자식들이 해 주기 바라는 것과 똑같이 네 부모에게 행하라.
- 소크라테스

| 열세 번째 이야기

승려의 소원

한 승려가 사랑하는 아내, 그리고 눈 먼 어머니와 함께 살고 있었습니다. 그들은 매우 가난했고 승려는 무슨 일을 해야 할지도 몰랐어요. 승려는 매일 신전에서 시바 신에게 기도를 했습니다. 기도를 한 지 12년이 지났을 때, 시바 신은 승려에게 소원 한 가지를 들어주겠다고 했습니다. 승려는 어떤 소원을 말해야 할지 몰라서 아내와 어머니에게 물어보겠다고 했습니다. 승려의 어머니는 눈을 뜨게 해 달라고 했습니다. 하지만 승려의 아내는 아들을 꼭 얻고 싶다며 이렇게 말했습니다.

"어머니는 늙으셨고 볼 수 있는 날도 얼마 남지 않았어요. 하지만 아들은 우리가 늙었을 때 우리를 보살펴 줄 거예요."

　불쌍한 승려는 어떻게 해야 할지 몰랐습니다. 둘 중 어느 누구도 실망시키고 싶지 않았습니다. 승려는 걷다가 울다가, 울다가 걷다가 하더니 마침내 마을 한 가운데에 털썩 주저앉았습니다. 많은 사람들이 승려 곁을 지나갔습니다. 그러다 한 경찰관이 물었습니다.
　"왜 그렇게 넋을 놓고 있소?"
　승려는 지난 12년 동안 기도를 했더니 시바 신이 한 가지 소원

을 들어주기로 했다는 얘기를 했습니다.

"하지만 어머니가 바라는 것과 아내가 바라는 것이 달라요. 둘 다 만족시킬 방법이 없을까요? 난 두 사람 모두 사랑해요."

"울 필요 없소. 별 문제 아니구려."

경찰관은 승려에게 어떻게 하면 될지 알려 주었습니다.

다음 날, 승려는 시바 신에게 가서 아내와 어머니 둘 다 만족할 수 있는 소원을 말했습니다. 승려는 뭐라고 말했을까요?

생각의 사다리

경찰관은 두 소원을 하나로 만들어 보라고 했습니다.
승려는 시바 신에게 이렇게 말했지요.
"어머니는 눈이 멀었습니다. 어머니의 소원은 딱 하나,
손자가 밥 먹는 걸 보는 것뿐입니다."

한 번 실수하는 것보다 두 번 묻는 것이 더 낫다.
- 독일 속담

| 열네 번째 이야기

겨자 씨 한 줌

한 젊은 여자가 아들을 낳았습니다. 모든 부모들이 그렇듯이 여자와 여자의 남편도 아기를 말할 수 없이 사랑했지요.

그런데 비극이 일어났습니다. 아들이 돌도 되기 전에 몹시 아프더니 죽어 버린 것입니다. 여자는 며칠을 울면서 아들을 땅에 묻지 못하게 했습니다. 그리고 죽은 아들을 살려낼 약을 구하게 도와 달라고 사람들에게 애걸했습니다.

사람들은 여자가 미쳤다고 생각했지요. 하지만 어떤 현명한 사람이 부처님께 물어보라고 했습니다.

"네가 찾는 약이 있다. 하지만 재료 하나가 모자라구나."
부처님이 말했습니다.
"말씀해 주세요! 제가 오늘이라도 찾아오겠습니다."
여자가 어서 말해 달라고 재촉했습니다.
"겨자씨 한 줌을 가져다 다오. 하지만 반드시 남편이나 아내, 또 아이나 부모님이 죽은 적이 없는 집에서 가져와야만 한다."

여자는 이 집 저 집을 돌아다니기 시작했습니다. 몇 주가 지나고 몇 달이 지났지만 여자는 부처님이 말한 조건에 맞는 집을 찾을 수가 없었어요. 부처님이 말했던 집을 찾기는 불가능했던 것이지요.

여자는 죽은 아들을 살리는 약을 구하지는 못했지만, 자신의 고통을 달랠 수 있는 다른 약을 찾아서 집으로 돌아왔습니다.

여자가 찾아낸 약은 무엇일까요?

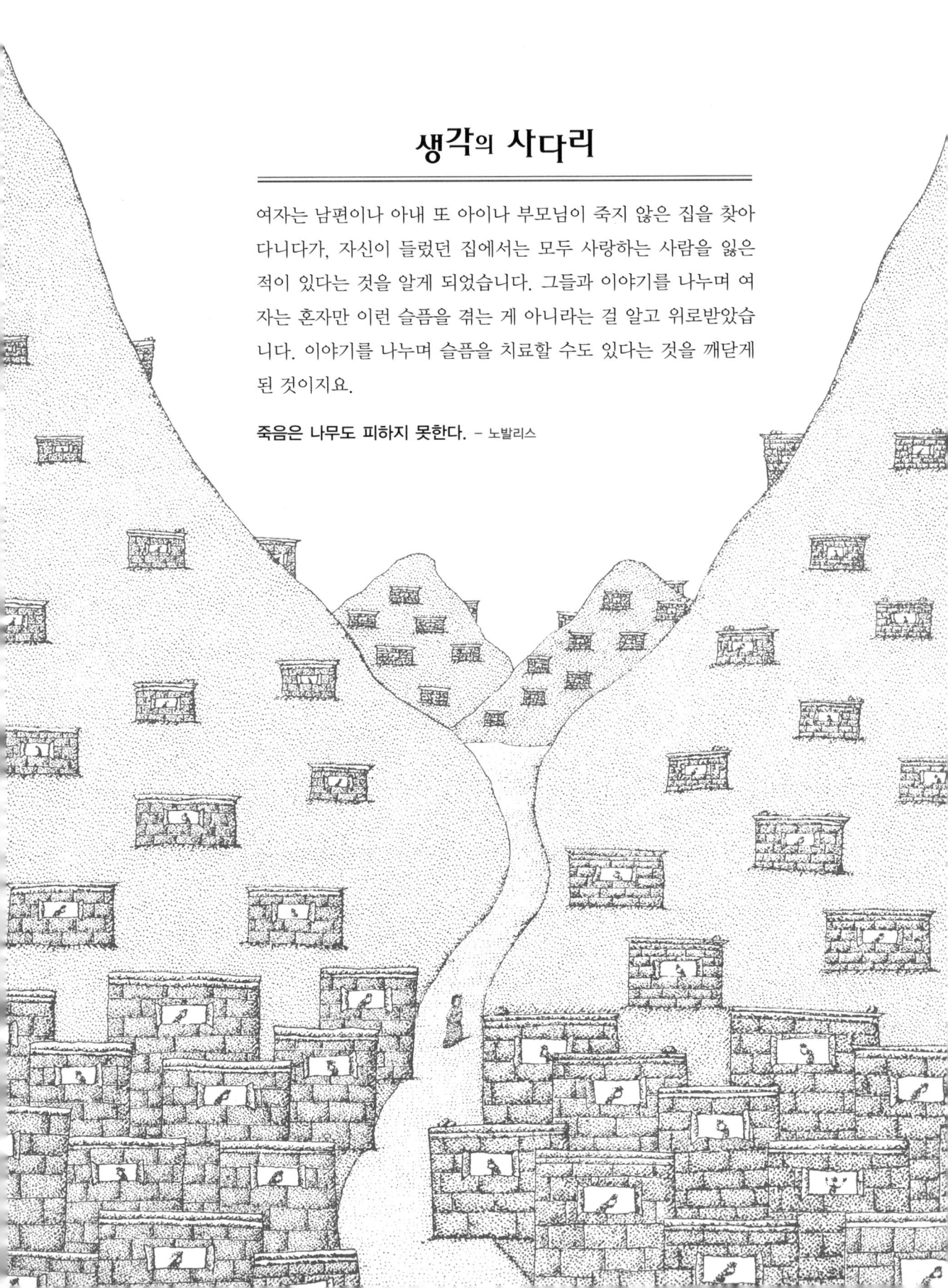

생각의 사다리

여자는 남편이나 아내 또 아이나 부모님이 죽지 않은 집을 찾아다니다가, 자신이 들렀던 집에서는 모두 사랑하는 사람을 잃은 적이 있다는 것을 알게 되었습니다. 그들과 이야기를 나누며 여자는 혼자만 이런 슬픔을 겪는 게 아니라는 걸 알고 위로받았습니다. 이야기를 나누며 슬픔을 치료할 수도 있다는 것을 깨닫게 된 것이지요.

죽음은 나무도 피하지 못한다. - 노발리스

이야기의 출전

1. 선 짧게 만들기
인도 중부 지방에 전해지는 우루두 옛이야기이다. A. K. 라마누잔이 엮은 〈인도 옛이야기 : 스물두 가지 말로 된 구전 동화 모음〉(판테온, 1991년)에 실려 있다. 라마누잔은 프랜시스 프리쳇이 옮긴 〈마나라얀, 라타이페 악바르, 히샤 팔라 : 비르발 나마흐〉(델리, 1888년)에서 따왔다.

2. 늦어야 이기는 경기
힐렐 할킨이 헤브루 어를 옮기고, 핀하스 샤데흐가 다시 쓰고 엮은 〈유대인 옛이야기〉(더블데이, 1989년)에 실려 있는 이야기이다. 샤데흐가 이야기를 모을 때에는 이미 수수께끼의 형태로 사람들에게 널리 알려져 있었다. 아들이 아버지의 유산을 놓고 겨루는 이야기는 많은 지역에서 전해지고 있다. 그림 형제의 옛이야기 모음집에 나오는 '삼형제'나 〈까마귀 물 마시기〉에 나오는 '영리한 아들' 등이 있다.

3. 한 발짝도 밟지 말라
소말리아와 에티오피아에 전해지는 옛이야기이다. 해롤드 쿨랜더와 울프 레쏘가 함께 쓴 〈산 위의 불, 그리고 다른 에티오피아 이야기들〉(홀트, 1950년)에 실려 있다. 아이티, 이탈리아, 덴마크, 필리핀의 타갈로그 부족, 북아메리카의 애팔래치아와 말리시트 부족 등 많은 지역에 비슷한 이야기들이 전해지고 있다.

4. 암탉의 재치
미니 포츠마가 모으고 수지 맥더미드가 옮긴 〈바소토 이야기〉(텍사스대학출판부, 1974년)에 실려 있는 이야기이다. 옛이야기의 고전인 이솝 우화나 천일 야화에도 실려 있을 뿐 아니라 캄보디아, 스코틀랜드, 러시아, 우루과이, 북아메리카의 휴런 족과 와이언도트 족에게도 전해지는 이야기이다.

5. 원하는 만큼 돌려준다
이탈리아 옛이야기이다. 도미니코 비토리니가 모은 〈이탈리아 옛이야기〉(멕케이, 1958년)에 실려 있고, 마리아 치미노의 〈말 안 듣는 뱀장어와 다른 이탈리아 이야기〉(판테온, 1970

년)에도 실려 있다. 〈1800년대의 미국 연감〉(셰퍼드 칼락)에도 비슷한 이야기가 나온다.

6. 마지막 기회
인드리스 샤가 엮은 〈나스루딘 뮐라의 비교할 수 없는 공적〉(더튼, 1972년)에 실려 있다. 샤는 이야기의 출전을 밝혀 놓지 않았다. 이 책의 주인공은 중동 옛이야기에 자주 나오는 인물로, 겉으로 보기에는 어리석지만 교묘한 속임수를 쓰는 호야나 나스레딘으로 알려져 있다.

7. 동전 한 닢의 힘
조르지오스. A. 메가스가 엮고 헬렌 콜레클라이즈가 옮긴 〈그리스의 옛이야기〉(시카고대학출판부, 1970년)에 실려 있다. 메가스는 S. 새티스가 1909년에 모은 이야기라고 밝히고 있다. 헝가리, 인도, 이탈리아, 라트비아, 카보베르데와 동아프리카에도 비슷한 이야기가 전해진다.

8. 사자의 신하들
이솝 우화에 나오는 이야기이다. 미얀마에서도 비슷한 이야기가 전해지는데, 해롤드 쿨랜더의 〈호랑이의 수염, 그리고 동아시아와 태평양에 전해지는 다른 옛이야기와 전설〉(하코트, 1959년)에 실려 있다. 또 스페인, 유태인에서도 비슷한 이야기를 볼 수 있다.

9. 훌륭한 수업
중국에 전해지는 옛이야기이다. 프랜시스 알렉산더의 〈깨어진 단지의 조약돌 : 옛날 중국의 영웅 이야기와 우화〉(보브스 메릴, 1963년)에 실려 있으며, 고대 중국책을 연구했던 림 시안텍의 〈중국의 옛이야기〉(존 제이, 1944년)에도 실려 있다.

10. 슬기로운 노래
이탈리아 옛이야기이다. 블라디슬라프 스타노브스키와 얀 블라디슬라프가 다시 쓰고,

진 레이튼이 옮긴 〈옛이야기 나무 : 세계의 옛이야기〉(푸트남, 1961년)에 실려 있다. 스페인, 일본, 이집트에도 전해지는 이야기이다. 모우지즈 개스터의 〈역사 2권〉(미국 유태인 출판협회, 1934년)에도 솔로몬 왕이 도둑이 가져간 금을 찾아오는 방법에 관한 비슷한 이야기가 나와 있다.

11. 신비한 창
I. G. 에드먼즈가 엮은 〈주술 이야기〉(리핀코트, 1966년)에 실려 있는 '아가익과 신비한 창'을 다시 쓴 글이다. 엮은이는 이 이야기를 어디에서 옮겼는지 밝혀 놓지 않았다. 전문가들은 이누이트의 이야기가 아니라고 말하지만, 많은 사람들이 북극 이누이트 족의 옛이야기에 강력한 주술사와 신비한 힘에 대한 이야기가 많다고 한다.

12. 아이의 부탁
유네스코 아시아문화센터가 펴낸 〈세계의 어린이가 읽어야 할 아시아 옛이야기 : 4권〉(웨더힐, 1976년)에 실려 있다. 네팔에서 전해지는 이야기로, 〈그림 형제의 옛이야기 모음집〉에도 나오며 유럽과 아시아에 비슷한 이야기가 두루 전해진다.

13. 승려의 소원
인도 서부 지방에 전해지는 옛이야기로 리차드 도슨이 엮은 〈세계의 옛이야기〉(시카고대학출판부, 1975년)에 실려 있다. 대니얼. J. 크롤리가 트리니다드 지방에서 이야기를 모았고 1955년 9월에 출판된 〈카리브 제도〉라는 책에 이 이야기가 처음으로 실렸다.

14. 겨자 씨 한 줌
W. A. 클루스톤의 〈민담과 소설 : 이주와 변형 2권〉(블랙우드, 1887년)에 실려 있는 불교 이야기이다. 클루스톤은 이 이야기의 원전을 헨리 토마스 로저스가 미얀마 말을 옮긴 〈붓다고샤의 우화〉(트루브너, 1870년)라고 밝혔다. 그리스의 풍자가 루시엔이 서기 2세기에 쓴 〈데모낙스〉에도 비슷한 이야기가 실려 있다.